COMO TRANSFORMAR SEUS RELACIONAMENTOS

Artesã

Como Transformar seus Relacionamentos

1ª edição - 2ª reimpressão junho 2025

Diretor
Alcebino Santana

Direção de Arte
Tiago Rabello

Projeto Gráfico e diagramação
Artesã Editora

Revisão
Fabiana Guimarães

Capa
Artesã Editora

Ilustrações
Freepick

Elaborada por Bibliotecária Janaina Ramos – CRB-8/9166

R829c Rosset, Solange Maria

Como transformar seus relacionamentos / Solange Maria Rosset. – Belo Horizonte: Artesã, 2024.

68 p., il.; 14 X 21 cm

ISBN 978-85-7074-115-8

1. Relacionamentos interpessoais. 2. Família. 3. Psicoterapia. I. Rosset, Solange Maria. II. Título.

CDD 158.2

Índice para catálogo sistemático

I. Relacionamentos interpessoais

IMPRESSO NO BRASIL
Printed in Brazil

(31)2511-2040 (31)99403-2227
www.artesaeditora.com.br
Rua Rio Pomba 455, Carlos Prates – Cep: 30720-290 | Belo Horizonte – MG
/artesaeditora

SUMÁRIO

APRESENTAÇÃO

Sou psicóloga e psicoterapeuta há 47 anos e sempre me preocupei e procurei formas de intervenções que focassem na prevenção das dificuldades relacionais. E tenho textos e cursos sobre o tema.

Há duas décadas, escrevo livros sobre relacionamentos sempre procurando meios de ensinar a todas as pessoas maneiras de melhorar a relação.

Não existem relacionamentos sem dificuldades. Elas podem ser maiores ou menores, desastrosas ou passageiras, mas sempre existirão.

Se olharmos dessa forma, ao enxergarmos um problema ou dificuldade, vamos olhar como um ângulo da relação, aspectos que precisamos aprender, e não como algo insolúvel.

Eu trabalho com Terapia Relacional Sistêmica, que é uma abordagem cujo ponto central é o desenvolvimento de consciência do próprio padrão de funcionamento.

Então, para melhorar um relacionamento, o ponto de partida sempre será olhar nosso próprio funcionamento e, a partir disso, o funcionamento de casal, família, amizades ou trabalho que temos.

Neste material que agora apresento, vou falar como usar essa tomada de consciência para melhorar seus relacionamentos – a partir da minha experiência atendendo pessoas, famílias, casais, grupos.

Vou trazer reflexões, dicas, propostas para que você seja instrumento das suas aprendizagens e mudanças e, dessa forma, possa ser um transformador das suas relações.

Ele será útil para todas as pessoas, já que todos estamos envolvidos em relacionamentos, mas especialmente para *você*, que já sabe que está nas *relações para aprender e evoluir* e, mais importante ainda, sabe que não é culpando ou julgando o outro que vai melhorar o relacionamento, mas sim *assumindo sua própria responsabilidade* em olhar seus pontos fortes e fracos e iniciar a mudança da relação através da sua própria mudança.

1

COMO TRANSFORMAR

SOBRE AS RELAÇÕES

Antes de iniciar o processo de transformar seus relacionamentos, você precisa saber sobre relacionamentos e como eles funcionam.

A base da harmonia dos relacionamentos é compreender que nenhum evento ou parte de um comportamento causa outro, e sim que cada um está ligado de uma maneira circular a muitos outros eventos e partes de comportamentos. Esses eventos e comportamentos formam, ao longo do tempo, padrões constantes e repetitivos que funcionam para equilibrar a relação e permitir que ela evolua e se mantenha.

Todo comportamento – incluindo os sintomas, dificuldades e problemas – estabelece e mantém esses padrões. Essa função reguladora é considerada mais importante do que o comportamento ou o sintoma, como uma entidade dentro e fora de si mesma.

Saber disso nos leva a abandonar os conceitos de vítima/bandido, certo/errado, culpado/inocente, causa linear/efeito simples e nos leva a compreender a relação de forma mais circular e responsável.

COMUNICAÇÃO

Sabemos que a comunicação é um processo de dar e receber informação; é um processo verbal e não verbal de fazer solicitações e de responder às solicitações do outro – e que depende de palavras, gestos e ações.

Em função das dificuldades individuais ou da relação, você pode ter falhas no seu padrão comunicacional. É comum tentar esconder o que deseja dizer para o outro, por medo, por cuidado, por desistência; só que não é possível encobrir. Não dizer algo já é a comunicação de uma situação.

Através do que se diz ou não se diz, da forma como isso é feito, do momento e do lugar em que se diz algo, toda uma rede de mensagens é passada.

É muito comum que as crenças, os sentimentos e os fatos interfiram na clareza da mensagem ou na ordem de importância que se dá para as situações.

Além de tudo, cada pessoa tem um arsenal pessoal para desqualificar as mensagens do outro – jogamos com as palavras, modificamos seu significado pela forma de pronunciá-las, negamos com gestos aquilo que afirmamos verbalmente etc.

EXPECTATIVAS

Outro item que atrapalha muito os relacionamentos são as expectativas. Em qualquer relação humana há sempre um grau de expectativa, senão a própria relação não ocorreria. O que provoca dificuldades é o excesso ou a rigidez dessa expectativa.

Pessoas com alto grau de expectativa com relação aos outros esperam que os outros, automaticamente e espontaneamente, sejam atenciosos e solícitos; que demonstrem seu afeto e atenção sem pedir ou explicitar o desejo; que compartilhem com elas de um determinado interesse que lhes seja especialmente importante; que cuidem das tarefas que lhe parecem particularmente penosas no momento; que as recebam no fim de um dia difícil de uma maneira carinhosa e reconfortante, que lhes dê a sensação de que tudo valeu a pena; que compartilhem seu bom humor e respeitem seu mau humor; que façam coisas para arrancá-las da tristeza ou depressão entre milhares de outras expectativas.

O desastroso nessas expectativas é que quanto menos elas são realizadas, mais a pessoa esconde seu desejo e deixa de explicitar o que lhe é importante.

DAR E RECEBER

Outra questão relacional importante é ligada ao dar e receber na relação. Muitos pais não ensinam aos filhos que um balanço adequado no dar e receber é uma forma de flexibilizar e enriquecer as relações. Assim, eles entram em relacionamentos com padrões compulsivos de só querer receber, ou de colocar sempre na balança o quanto deu e o quanto recebeu. Dar e receber são formas de melhorar o contato, de amorizar uma relação.

Pedir e dar ajuda também fazem um balanço importante nas relações. Saber pedir dá leveza para a relação, se for feito com humildade e generosidade, sem o risco de abuso ou de vitimização.

CARÊNCIA

Todo ser humano tem aspectos de carência na sua história. Expectativas não supridas, agressões e abandonos sofridos podem criar dores e mágoas que vão interferir nas relações futuras.

Um dos riscos é depositar nos outros a cura dessa carência primária. E isso nunca vai acontecer. Pelo contrário, se tivermos essa expectativa, cada vez vai piorar a carência e suas consequências.

SOLIDÃO

Junto com o tema de carências e expectativas, surge a questão de como lidar com a solidão. A solidão é inevitável, pois existem aspectos que são pessoais e intrínsecos, que o outro não consegue enxergar e nem estar sempre presente.

Saber-se solitário e ter instrumentos para ficar bem sozinho, sem desespero e fazendo bom uso do momento é um dos elementos que enriquecem qualquer relacionamento.

PERDÃO

A capacidade de perdoar é outro aspecto importante das relações íntimas. Perdoar é compreender o que aconteceu, enxergar o que o outro fez e sua própria contribuição para o fato. E concluir com novos contratos e acertos.

AUTONOMIA

Manter a própria autonomia e respeitar a autonomia do outro são, sem dúvida, características significativas de uma relação funcional – entre parceiros, pais e filhos, amigos.

COOPERAÇÃO

A cordialidade e o senso de cooperação são dois indicadores de um bom relacionamento interpessoal. Trazem leveza e harmonia. E somados a uma comunicação assertiva, servem de base para a construção de um bom relacionamento interpessoal.

CONCESSÕES

Fazer concessões como uma aposta na melhoria da relação é um aspecto muito enriquecedor. Dentro das suas possibilidades e escolhas, sem vitimização, sem cobranças, sem se tornar ressentido e sem se retrair, mas para agradar os envolvidos e fortalecer o relacionamento

AGRESSIVIDADE

Outro ponto importante é saber lidar com a agressividade, evitando que ela vire rancor, ironia ou ataque. A agressividade não é um defeito, mas um instrumento indispensável na vida. É através dela que cada um define seus próprios territórios e evita as invasões. Saber escolher a forma de se colocar é o que faz a diferença.

Crescer é aprender a dizer não, que é o ato mais agressivo que existe. Saber dizê-lo é conquistar seu próprio espaço. O importante é a forma como ele é dito, de maneira suave, tranquila e enfática, e todos serão capazes de ouvir e respeitar.

CULPA

Uma das questões que atrapalham muitos relacionamentos é a presença de sentimento de culpa – sentindo-se culpado ou culpabilizando o outro.

Ao tomar consciência da presença da culpa ou culpabilizações, o caminho é treinar trocar a culpa (resposta compulsiva ao lidar com as consequências dos seus atos) pela responsabilidade (avaliar consequências, escolher resposta, escolher como lidar com as consequências).

2

TRANSFORMANDO AS SUAS RELAÇÕES

Para adquirir potência e competência para alterar seus relacionamentos, é necessário rever seus conceitos e saber que deve ocupar-se com seu próprio tratar, com seus próprios esforços, e não pode – não deve – esperar pelo outro.

É possível que um faça, e o outro não corresponda. Mas o seu fazer pode alterar a relação. Sempre se pode tentar alguma coisa a mais, algo diferente, de variadas maneiras.

CONHECENDO A SI PRÓPRIO

O primeiro aspecto é conhecer sua comunicação nos relacionamentos. Enxergar sua forma de dizer as coisas e de passar, de forma não verbal, suas impressões e desejos abre um universo de possíveis alterações. E ver como os outros se conectam à sua forma de comunicar possibilita, a partir da sua mudança, mapear a resposta do outro.

Suas expectativas, mágoas e carências são outros potentes indicadores do seu funcionamento. Quando você se torna capaz de notar suas fantasias, está pronto para o próximo passo, que consiste em usá-las como pistas e, assim, enxergar como você desencadeia o comportamento dos outros.

Tomar consciência dos álibis relacionais e das compulsões relacionais, além de ser um forte elemento de mudanças nos relacionamentos, é um encantamento íntimo. Enxergar-se e, a partir disso, desenvolver controle para poder fazer suas escolhas muda nossa vida e a forma de viver.

Fugir do que já sabe que não resolve é um elemento de flexibilização e enriquecimento das relações. Evita desperdício de energia e abre sempre novas possibilidades relacionais e de influência na mudança dos padrões comuns.

Rever suas queixas e reclamações é também um elemento revolucionário nas mudanças relacionais. As queixas tradicionais e repetitivas arrasam os outros, colocando-os na defensiva e os impossibilitando de ouvirem o que você tem a dizer. A consciência dessas reclamações é importante, porque vai indicar muitas coisas sobre você, possibilitando mudanças suas e, consequentemente, mudanças nos outros.

Estar ciente de que toda aprendizagem e mudanças podem sofrer recaídas é outra forma de não desistir. Saber que é um processo e que entre as idas e vindas é que se constrói um novo padrão de relacionamento.

Contar com o reaparecimento do problema e se planejar para essa possibilidade, em vez de simplesmente esperar que ele não torne a acontecer.

Fazer contratos claros, coerentes com o contexto e o momento é outra forma de desenvolver relacionamentos profundos, flexíveis e que possibilitem crescimento e aprendizagens.

COMO FAZER AS MUDANÇAS

Cada relação traz, na sua forma, todas as possibilidades de transformação e de funcionalidade. Se algo indesejável está acontecendo, é porque os envolvidos estão presos na repetição e sem condições de enxergar as formas de mudança e flexibilização que esse relacionamento tem condições de fazer.

Citarei algumas propostas como exemplo e sugestão, mas o mais importante é enxergar o que cada uma das suas relações traz de caminho para se tornar mais funcional.

PROPOSTAS

Uma armadilha, infelizmente muito comum, é querer dar conselhos ou resolver as questões quando o outro só quer compartilhar e lhe contar como está.

Poder só contar e ter o outro como um ouvinte receptivo é um dos melhores presentes que podemos ter nas relações. Então, só dê conselhos, palpites, ideias tranquilizadoras quando o outro pedir.

O diálogo é tido como a salvação dos relacionamentos. Mas o que faz diferença é a forma e o "para quê" está acontecendo a conversa. Independentemente do tipo de relacionamento, se é familiar, amoroso ou de amizade, o diálogo é fundamental. É falando e ouvindo que conhecemos melhor um ao outro, ensinamos, aprendemos e compartilhamos a vida.

Então, preste atenção ao que você está querendo dizer, qual sua intenção, se está sendo assertivo, se está aberto a que o outro também fale, se está realmente interessado em saber o que o outro está lhe dizendo. E a partir dessa avaliação, enxergue o que você pode abrir mão e o que você pode treinar fazer, para que a conversa seja de fato um diálogo.

Existem algumas dicas básicas para uma boa conversa:

- Faça afirmações com base no "eu", e não no "você"; coloque seus sentimentos e pensamentos em vez de criticar, atacar e apontar o que o outro fez.

- Evite usar as palavras "sempre" e "nunca". Elas enrijecem qualquer conversa e impedem novos acertos e contratos.
- Não interrompa a outra pessoa. Ouça o que o outro diz até que ele complete o pensamento, mesmo quando você já sabe o que ele vai dizer.
- Não "leia a mente", ou seja, não use como fato suas especulações sobre o que o outro está sentindo, pensando ou tentando fazer.

Existem, ainda, alguns cuidados que, se tomados por um dos elementos da relação, podem dar mais qualidade e funcionalidade ao relacionamento:

- Invista em melhorar o diálogo.
- Evite criar expectativas que envolvam o comportamento alheio. Sempre que se pegar idealizando o comportamento alheio, volte a si e entenda que isso apenas fará com que você se frustre.
- Saiba ceder e se adaptar quando necessário. Saber diferenciar o que vale a pena insistir das situações em que o melhor a fazer é ceder e se adaptar.
- Apenas tome cuidado para evitar se anular, porque a ideia não é essa. A proposta é ter clareza e exercitar ceder e manter a decisão ou opinião.

- Cuide dos outros, mas lembre-se de cuidar de si. Fazer o que estiver ao seu alcance para ver as pessoas próximas bem é muito importante e ajuda a fortalecer os relacionamentos. Entretanto, é preciso tomar cuidado para evitar cuidar demais dos outros e esquecer-se de si mesmo.
- Lembre-se de que para estar bem, para oferecer o seu melhor às pessoas que ama, você precisa estar bem tanto física quanto mentalmente.
- Demonstre interesse e tenha admiração pelos outros. Isso cria um clima agradável e gentil.
- Saiba que o interesse genuíno e a admiração são elementos de grande importância para desenvolver bons relacionamentos.
- Desfrute tempo de qualidade com as pessoas que ama. Não basta estar ao lado, é preciso estar totalmente presente, falar, ouvir, compartilhar. E é isso que une as pessoas.
- Assuma os erros que cometer. Para que realmente aprenda, é preciso assumir que falhou e fazer o possível para consertar a situação. Peça desculpas às pessoas que, de alguma forma, impactou e dê tempo para que elas assimilem o ocorrido. Esse espaço é fundamental para demonstrar seu arrependimento e respeito e trazer um espaço de harmonia na relação.

- Respeite as diferenças. Lembre-se sempre de respeitar as diferenças e entenda que, por mais que possa ter afinidades com as pessoas, sempre haverá pontos em que irão se diferenciar. E é exatamente aí que está a riqueza dos relacionamentos, porque é isso que nos permite aprender uns com os outros.
- Use os problemas e as dificuldades de alguma forma construtiva, em vez de simplesmente procurar suportá-los. Eles são bons indicadores de que aspectos podem ser melhorados e das aprendizagens que poderá fazer.

PADRÕES FUNCIONAIS

Os padrões de comportamento que caracterizam uma pessoa madura são denominados de "funcionais", porque capacitam a enfrentar o mundo em que se vive de uma maneira relativamente competente e precisa.

Compreender isso traz à consciência quais pontos você poderá treinar, aprender e, assim, evoluir e levar o relacionamento para um ponto adiante.

Uma pessoa funcional consegue:

- Manifestar-se claramente aos outros, sendo assertiva e explícita.
- Permanecer em contato com os sinais internos, permitindo-se, assim, conhecer o que pensa e sente.

- Ser capaz de ver e ouvir o que está fora de si como algo diferenciado de si mesmo e como diferente de quaisquer outras coisas, sem embrulhar o que sente e pensa com o que os outros sentem ou pensam.
- Comportar-se em relação à outra pessoa como alguém separada dela mesma, com características únicas.
- Considerar a presença da diferença como uma oportunidade para aprender e explorar, e não como uma ameaça ou sinal de conflito.
- Lidar com outras pessoas e situações em termos de "como a coisa é", enxergando seus contextos, mais do que em termos daquilo que desejaria que fosse ou esperava que fosse ser.
- Aceitar a responsabilidade pelo que sente, pensa, ouve e vê, sem negar ou atribuir aos outros a responsabilidade ou culpa.
- Ter instrumentos para negociar abertamente o dar, o receber, as aprendizagens e os contratos entre ela própria e outros.
- Manter seu espaço pessoal – de interesses, de outras relações, das suas aprendizagens individuais – e respeitar esse espaço dos outros.

Buscar ter um relacionamento funcional começando pela própria mudança é a forma de dar significado aos relacionamentos e à vida em geral. E é a partir de uma pessoa funcional que um relacionamento poderá ser também funcional.

COMO SABER SE O MEU RELACIONAMENTO É FUNCIONAL?

Para avaliar onde começar a mudança, você pode usar estes itens de avaliação de funcionalidade de um relacionamento.

Os participantes de uma relação funcional conseguem e podem:

- Completar transações, fazer verificações, perguntar, colocar sua opinião, negociar as diferenças.
- Identificar e lidar com a hostilidade, as dificuldades, os impasses seus e do outro.
- Enxergar como se vê e como os outros o veem.
- Dizer ao outro como este está se manifestando.
- Dizer ao outro o que deseja, teme e o que espera que este outro faça.
- Discordar das opiniões e decisões.
- Fazer escolhas pessoais e na relação.
- Libertar-se dos danosos efeitos dos modelos do passado, pessoal e da relação.
- Transmitir uma mensagem clara, com um mínimo de diferença entre o sentimento e a comunicação.

3

RELAÇÕES ESPECIAIS

RELACIONAMENTOS AMOROSOS

ASPECTOS IMPORTANTES

Saber que o casal é um sistema em constante interação e interferência ajuda a enxergar o relacionamento amoroso como um espaço de aprendizagens mútuas, mas acima de tudo como um espaço onde a mudança de um desencadeia a mudança do outro.

O amor começa com uma atração que pode durar horas, dias ou semanas. A seguir, vem a paixão, que, segundo especialistas, dura em média de 3 a 12 meses, até que a relação se deteriore ou a afinidade apareça.

Cada relacionamento que sobrevive à fase de paixão se fortalece com bases específicas de cada casal: pode ser por objetivos semelhantes, admiração e respeito pelo funcionamento do outro, entrosamento nos desejos e prazeres, criação de uma família entre outros tantos motivos e razões.

Não existe uma razão melhor que a outra; o importante é o casal – ou a parte que está decidida a melhorar a relação – enxergar esses aspectos relacionais e não se apegar às fantasias infantis de relacionamento perfeito, cura das carências, depositação no outro das dificuldades de casal.

O aspecto comunicacional é um dos itens que pode salvar um relacionamento ou impedi-lo de ir adiante. A comunicação amorosa exige humildade – para se perceber, para enxergar sua forma de ser e de se comunicar, para qualificar os bons aspectos do outro – e generosidade – para acolher a dor do outro e para ter compaixão pelo que o outro ainda não enxerga.

O casal disposto a usar a relação para crescimento e evolução de ambos vai desenvolver um exercício contínuo de cultivar as individualidades e a parceria. Individualidade e parceria vão se retroalimentar enriquecendo a relação.

Lidar com as diferenças pressupõe ver o que o outro tem de diferente de você e as suas próprias diferenças. Aceitar e aceitar-se nas formas diferentes é um exercício que garante a harmonia das relações.

A sexualidade é um elemento de aproximação e fortalecimento da relação amorosa, no entanto é nessa área que as maiores dificuldades aparecem. Um casal com dificuldades em outras áreas, e que não se ocupa em resolvê-las, na maioria das vezes terá problemas na sexualidade como um sinal das questões não atendidas nas outras áreas. Esses empecilhos não deveriam ser ignorados nem menosprezados.

A sexualidade tem um papel realimentador no casamento: o sexo é uma forma de expressão afetiva em que o carinho, a compreensão e a admiração servem de sustentação e estímulo para o interesse e o desejo sexual.

Quando a comunicação, a troca de opiniões, a partilha de gostos e interesses levam os parceiros a fazerem coisas juntos, ir para a cama é fácil e estimulante.

Se não houver diálogo e, consequentemente, não houver resoluções desses bloqueios, o encontro sexual será cada vez mais angustiante.

O apoio e a solidariedade nos momentos difíceis podem fazer ressurgir a intimidade fora do quarto de dormir, em novos projetos de vida em comum, que também revalorizam a intimidade e o contato, desencadeando bons momentos de intimidade e sexualidade.

Muitas dificuldades relacionais começam quando o casal se forma e se torna um sistema conjugal. Uma das condições que garante a construção do casal como uma entidade concreta é a separação das famílias de origem.

Cada família traz, através de gerações, seus próprios valores, seus conceitos de autonomia e liberdade, seus parâmetros de separação e crescimento. Algumas sentem a saída dos filhos do lar paterno como uma traição, uma demonstração de frieza e abandono, e acreditam que viver com as "crianças" sempre por perto é um sinal de amor, reconhecimento e respeito.

Outras famílias veem a partida dos filhos adultos para o seu próprio mundo com os sentimentos naturais de perda de toda transição, mas, ao mesmo tempo, com uma sensação de orgulho, dando-se conta do término de uma determinada etapa de vida que abre espaço para outra, com novas alegrias e novos desafios.

Todo casal precisa de um tempo para descobrir e definir aquilo de que gosta ou não gosta, em um processo de adaptação de suas diferenças.

O casal deve ser capaz de colocar seu casamento em primeiro lugar, sem ter de romper com suas famílias de origem.

O desenvolvimento da intimidade é outro requisito importante nas relações amorosas. Muitos julgam que a intimidade provém de passar muito tempo juntos, ter os mesmos gostos e interesses. Mas a intimidade origina-se de algo bem diferente. Ela advém de contar ao parceiro nossos principais pensamentos e ouvir os dele: de conversar sobre o que estamos sentindo, mesmo que o sentimento seja o de não estar havendo intimidade.

A chance de expressar sentimentos e de fazer queixas pode ter um efeito poderoso no revivescimento do amor e do senso de proximidade.

POSSIBILIDADES DE TRANSFORMAÇÃO

- Usar o ciúme como um indicador da direção para a qual ele conduz a relação. Ciúmes sempre atrapalham a segurança e a intimidade do casal, mas se ele acontecer, pode ser um elemento de recontratos, novos acertos e fortalecimento do desejo de estarem juntos. Além disso, se o elemento ciumento prestar atenção ao que lhe desencadeia ciúmes, poderá ter um mapa das suas próprias dificuldades e do que precisa aprimorar.
- Vacinas contra a rotina: a rotina, como todos sabem, torna-se algo insípido, fastidioso, não agrega nada, não dá vida. Porém é cômoda! Por ter esse elemento de comodidade, muitas vezes só se percebe a rotina depois que ela causou danos. O cuidado do casal deve ser estar sempre atento aos sinais de que a relação está sendo empobrecida pela manutenção da rotina e das

áreas de conforto. Dessa forma, poderá tomar medidas que tragam oxigênio para o relacionamento antes que seja tarde.

- Coisas que não se deve dizer/fazer: todo relacionamento tem áreas frágeis, que podem ser desencadeadas por falas ou atos de um dos elementos. Algumas falas ou atitudes, depois de realizadas, não têm como voltar atrás e apagar. Ter consciência desses itens, e não os fazer, é um importante investimento na relação.
- Respeitar a autonomia do outro: uma relação fluida tem muitas áreas comuns, de parceria; mas também deve ter áreas individuais de interesses ou atividades, que vão garantir o enriquecimento da relação.
- Checar desejos e expectativa – seus e do outro: ter consciência dos seus desejos na relação e desenvolver atitudes adequadas para colocá-los em prática é uma atitude que diminui as expectativas irreais do que o outro faz. Isso garante não ter frustrações que podem desestruturar o relacionamento. Da mesma forma, é importante ficar atento aos sinais, explícitos ou não, dos desejos e expectativas do parceiro. Ter consciência e controle das suas próprias expectativas garante um processo de desenvolvimento e amadurecimento emocional e relacional.
- Desempenhar as funções conjugais básicas: casais que pretendem viver juntos devem já, desde o início da relação, saber quais são es-

sas funções e já começar a desempenhá-las. Exercê-las garante a qualidade e a longevidade do relacionamento. Essas funções básicas são: servir de continente para os estresses externos; definir conjuntamente um padrão de relação com todos os outros sistemas (famílias, trabalho, amigos etc.); aprender e aprimorar com o funcionamento do outro e do par.

- Fazer bom uso das brigas: já que é praticamente impossível um casal não brigar, é necessário aprender e desenvolver instrumentos para que as brigas sejam úteis e sirvam de aprendizagem e aprofundamento da relação.
- Exercitar um diálogo eficiente: os envolvidos na relação precisam ser capazes de falar a respeito de suas aflições e seus receios (especialmente os concernentes ao relacionamento); precisam ser capazes de conversar sobre seus desejos e fantasias (particularmente os que dizem respeito ao relacionamento) e sobre como esses desejos e fantasias vêm sendo frustrados; precisam ser capazes de falar sobre sua hesitação em expressar insatisfações por recearem magoar ou aborrecer o outro; precisam conversar, e não só discutir, a respeito de tudo isso.
- Espaços pessoais: é importante compreender que o casal necessita, de vez em quando, sair de seus hábitos, de sua rotina, inclusive ter atividades ou programas juntos e sozinhos. Outra coisa muito importante para o equilíbrio do casal

é que cada um tenha um interesse pessoal em algo diferente do parceiro, algo criativo, que tire cada um de sua rotina diária.

- Gentileza, respeito e elegância na expressão do seu afeto: é muito importante a expressão do sentimento para com o outro; realizar um pequeno gesto, algo simples pelo outro, é uma constatação de que pensa no outro. Quando isso é feito de maneira automática – como um beijinho seco e ausente –, aquele que o recebe não pode sentir-se satisfeito nem amado. Não é o bastante que eu saiba que gosto de alguém, essa pessoa necessita ouvir-me dizer isso, afirmar, sussurrar, cantar... e, se possível, todos os dias, de maneira diferente.
- Quando tiver que falar de algo desagradável ou difícil, fazer recriminações, comentar o que viu ou sentiu, prepare-se de antemão, para ficar tranquilo e ser o mais objetivo possível, para expressar com muito carinho para o outro.
- Evitar falar quando algo acontece; melhor é esperar um tempo para fazê-lo.
- Não importa há quanto tempo um casal está junto, ninguém deve permitir-se um desleixo na aparência e nos hábitos.

M

RELAÇÃO PAIS E FILHOS

A relação familiar é uma das mais difíceis e estressantes, pois as tarefas e funções são árduas e interferem diretamente na comodidade e tranquilidade de todos os envolvidos.

Além de ser impossível acertar sempre, cada filho, cada situação pede uma resposta única, espontânea e criativa. Não há uma conduta a seguir como regra geral, pois não há – ou há pouca – regra geral. Há uma pessoa, que é única, com sua própria história, sua própria vivência, diante de seus filhos, que também são únicos.

O mais importante é a regra geral dos relacionamentos: quer mudar a relação? Comece fazendo a sua mudança e assim vá alterando o relacionamento. Não gaste sua energia e paz querendo que o outro mude ou comece a mudança.

Alguns parâmetros podem ajudar nessa relação, mas só se houver desejo de aprender e mudar.

ASPECTOS FAMILIARES

- Ciclos vitais – Todas as famílias passam por etapas de desenvolvimento onde há desafios, tarefas e aprendizagens específicas para todos os membros. O estresse familiar é geralmente maior nos pontos de transição de um estágio para outro, e os sintomas podem aparecer quando existem dificuldades em realizar essas tarefas e aprendizagens.

- Lidar com sentimentos e emoções – Esse é um dos aspectos mais importantes das relações familiares e o mais difícil de ser desempenhado. O primeiro passo é os pais tomarem consciência dos seus sentimentos e emoções, sem conotações de certo e errado. A partir disso, eles podem aprender a forma de lidar com esses sentimentos e só assim poderão ensinar seus filhos.
- Pertencer e separar – O processo da separação começa no nascimento, e todos os organismos saudáveis realizam isso automaticamente, mas dependendo da forma que cada família aprendeu a lidar com esses fatores, o processo de pertencimento e de separação vai ocorrer com maior ou menor facilidade. O ideal seria saber que os filhos devem e vão se separar dos pais. Da mesma forma que se se sentirem pertencendo a essa família, farão a separação com mais harmonia.
- Conseguir autonomia é um processo longo, mas muito necessário para a felicidade e o crescimento de todos os membros da família. Cada dia apresenta dezenas de oportunidades para validar o senso de autonomia de uma criança e permitir-lhe alcançar a plenitude de sua autonomia. E assim, de acordo com a competência e responsabilidade específica, todos vão convi-

ver de forma autônoma, mas com uma ligação saudável.

- Realizar as aprendizagens sistêmicas básicas – pertencer e separar; dar e receber; rejeitar e ser rejeitado; direitos e deveres; lidar com a solidão; culpa e responsabilidade; público e privado; intimidade e privacidade; individualidade – é a grande tarefa das famílias. Dependendo de como os pais aprenderam essas questões na sua família de origem, terão possibilidade de realizar junto aos filhos essas aprendizagens.
- Superproteção – Não é um elemento que ajuda as crianças a crescerem. Na maioria das vezes, demonstra falta de amor e respeito pelas competências da criança. E atrapalha o crescimento da responsabilidade.
- Limites – Todo crescimento saudável pressupõe lidar com os limites naturais e necessários. Excesso de limites pode contrair a espontaneidade da criança, mas falta de limites traz estragos muito maiores.
- O limite é sinal de amor e de segurança e deve sempre ser equacionado de acordo com os dados de realidade, com a idade, a competência e responsabilidade de todos os envolvidos.
- Sem a menor dúvida, um dos limites importantes é a criança/adolescente saber que a casa em que ela mora é do pai e da mãe, ou de um de-

les. Os filhos são acionistas minoritários, com muito menos direitos, mas devem ter tarefas e responsabilidades.

- A participação dos filhos nos cuidados com a casa deve ser constante, realmente necessária e democraticamente distribuída. Democraticamente significa que as tarefas devem ser adequadas à faixa etária, à situação de cada um na família e às outras tarefas de cada um dos membros.
- Autoridade – Não existe família sem diferenças de gerações, sem a ideia de autoridade. Se os pais deixam vago o lugar da autoridade, o filho vem, ocupa-o e dá as ordens. E o faz exatamente porque se ressente dessa falta de organização e de uma estrutura familiar.
- As tarefas parentais pressupõem uma diferença hierárquica que deve ser explícita e firme, mas flexível, para se adequar ao contexto de espaço e tempo da família.

TRANSFORMANDO AS RELAÇÕES FAMILIARES

- A possibilidade de alterar as relações familiares para que todos – pais, cônjuges e filhos – estejam plácidos com suas tarefas e responsabilidades depende de que:
  - » Os elementos percebam seu funcionamento, e como interfere e sofre interferência dos outros membros da família;

» Responsabilizem-se pelas suas escolhas e suas consequências;
» Aceitem as restrições e responsabilidades coerentes com sua idade, competência e impossibilidades;

- Aspectos que devem ser evitados a todo custo:
  » Fazer chantagem afetiva.
  » Bater.
  » Fazer ameaças radicais que não serão cumpridas.
  » Usar de ironia.
  » Espionar.
  » Expor a público.

- A manipulação. As crianças aprenderão a manipular baseadas em dois fatores: o que a família valoriza e como os outros procuram manipulá-la. Basicamente existem quatro maneiras de manipular os outros: culpando-os, ameaçando-os, subornando-os e manifestando indiferença. Ter consciência do jogo de manipulação que pode estar acontecendo na família é o primeiro passo para conversarem e alterarem esse padrão.

- Aspectos que sempre ajudam:
  » Examinar seu próprio comportamento.
  » Buscar escapar do diapasão de briga.
  » Dar ordens com coerência.

- » Reconhecer seus erros e pedir desculpas.
- » Não tomar tudo como algo pessoal.
- » Dar castigos que façam sentido e justiça.
- » Buscar uma orientação comum entre você e a mãe ou o pai de seu filho.
- » Explicar suas ações.
- » Fazer contratos claros.

- Incoerência e ambivalência. Toda vez que um dos pais prega aquilo que não pratica, a lição fracassa redondamente, no sentido de que não se generaliza além da situação específica. Na verdade, quanto menos deliberada for a instrução dada pelo pai, e quanto mais ele viver de modo coerente, com naturalidade, de acordo com seus próprios valores, melhor será.
- Crises. Um dos pontos altos de uma família saudável é a capacidade de usar as crises para provocar o crescimento. Poder conversar sobre as aprendizagens que surgem nas crises define o bom uso delas.
- Qualquer elemento da família que está enxergando o que precisam mudar pode e deve começar o movimento. Filhos podem começar o contato e o convite para os pais; pais podem programar novos contratos e movimentos.
- É tarefa dos pais transmitir cultura aos filhos através do ensinamento parental. Ensinar pa-

péis ou modos de agir com os outros, em diferentes situações sociais, socialmente aprovados; estes papéis variam de acordo com a idade e o sexo da criança. Ensinar a criança como se comunicar, como usar as palavras e os gestos, de modo que esses possam ter para outros um significado socialmente aceito. Ensinar como e quando expressar emoções, geralmente orientando a reatividade emocional da criança.

- Ensinar os filhos a se protegerem. Reconhecer quando um de seus membros não é mais uma criança, tendo se tornado um adulto capaz de assumir funções e papéis adultos. Proporcionar condições para que, eventualmente, os filhos possam vir a cuidar dos pais.

AMIZADES

Amizade é uma relação de afinidade, reciprocidade, ajuda mútua, respeito e confiança criada entre duas ou mais pessoas. A amizade remete às noções de intimidade, espaço potencial, reconhecimento da alteridade e consentimento.

Existem 3 tipos de amizade:

1. A amizade baseada na utilidade ou no interesse.

2. A amizade baseada no prazer.

3. A amizade baseada no progresso da relação.

Uma amizade saudável significa estar presente nos bons e nos maus momentos. Uma pessoa que só liga para reclamar, falar de infortúnios e problemas, não é boa amiga. Tanto que a cada conversa ou a cada encontro pode haver uma sensação de cansaço de estar com ela.

As amizades saudáveis também são honestas, ou seja, sinceras, respeitosas e justas. Não têm segundas intenções nem agem por maldade. Transmitir da melhor maneira possível o que se quer dizer também é uma de suas características

A lealdade é um dos valores importantes em qualquer gênero de relacionamento, mas na amizade ela é primordial. A par com a sinceridade, ser leal é dignificar o que se sente, o que se promete na hora que constrói uma história entre amigos e amigas.

Assim como qualquer outro relacionamento, as amizades exigem esforço e dedicação. Você poderá superar quaisquer conflitos e preservar um amigo para sempre se dialogar frequentemente com ele e souber tomar os passos necessários para ser uma companhia solidária e prestativa.

Um amigo é testemunha da vida e da existência do outro amigo. Ter alguém que participou/assistiu os fatos mais importantes da sua vida dá uma sensação de realidade e pertencimento. Isso fica muito forte quando se perde um amigo, como se um pedaço da sua história desaparecesse.

Uma habilidade a ser trabalhada é a capacidade de enxergar as necessidades de cada amigo. Isso faz muita diferença na harmonia e qualidade da relação.

ENTRE IRMÃOS

DESENVOLVIMENTO DA RELAÇÃO FRATERNAL

A grande vantagem de ter irmãos é a possibilidade de vivenciar o primeiro laboratório de experiências sociais. Num espaço protegido, cada um dos irmãos vai aprender e treinar as habilidades que futuramente colocará em prática no mundo externo. Na relação fraternal terão oportunidades para o companheirismo, o apoio emocional, assim como a competição e a rivalidade.

Por meio das experiências de conflito e de suas resoluções, os irmãos podem colaborar com o crescimento uns dos outros, desenvolvendo competências que não seriam adquiridas na ausência de divergências.

É útil para as crianças terem experiências em um relacionamento muito seguro com um irmão ou irmã, no qual podem trabalhar conflitos e aprender habilidades de gerenciamento de crises, que poderão usar em outros relacionamentos em suas vidas.

O conflito pode ser muito construtivo e útil. Ajuda as crianças a ter uma noção de quem são e da sua própria identidade.

A ordem de nascimento pode ter relevância na construção da personalidade, mas a posição de nascimento dos irmãos não deve ser considerada uma medida absoluta no desenvolvimento humano; outros elementos podem interferir: as expectativas dos pais, a maneira como cada indivíduo interpreta as tarefas que lhe serão atribuídas e a forma como percebe a herança psíquica herdada dos pais. Ainda, outras pessoas da família têm importância no processo de identificação, como, por exemplo, os avós, tios e outros familiares que poderão estar presentes para um filho e ausentes para outro

A intervenção adequada da família nos conflitos e brigas entre irmãos é um preparo que permitirá às crianças a gestão de seus pensamentos e emoções à medida que crescem, com maior possibilidade de se tornarem adultos mais saudáveis emocionalmente, capazes de grandes realizações na sociedade em que estão inseridos.

Para contribuir com o estabelecimento de um relacionamento baseado em respeito e companheirismo, é importante que a família promova atitudes que fomentem a confiança, a empatia, o respeito, a harmonia e a estima entre os irmãos.

INSTRUMENTOS A SEREM UTILIZADOS PELOS PAIS

Já que a chave de um bom relacionamento entre irmãos são os pais, cabem aqui algumas propostas para auxiliar os irmãos a terem uma relação funcional:

- Desenvolva atividades em conjunto, auxiliando os filhos a usarem suas habilidades individuais para desempenhar tarefas e atividades juntos – cada um com o que tem de melhor.
- Estimule atividades individuais. Não é porque são irmãos, e é mais prático para os pais, que os irmãos deverão realizar as mesmas brincadeiras, os mesmos esportes, ter os mesmos amigos. Possibilite que cada um tenha seu universo particular.
- Evite comparações entre os filhos. Apesar de quase inevitável, é uma atitude que mina a harmonia e a confiança entre os irmãos. Não tem utilidade!
- Haja com imparcialidade e dialogue para conseguir olhar cada situação como única, sem pré-conceitos de outras situações ou momentos. Procure conversar e ver o que aconteceu e o que pode ser feito nessa relação presente.

- Delegue responsabilidades equivalentes aos filhos. Todos devem ter tarefas e obrigações. De acordo com a idade e habilidade, mas com importância semelhante.
- Fortaleça os vínculos familiares através de programas de todos os membros da família e de subsistemas. Quanto mais fluidos forem esses momentos, mais abertura terão para conversas, esclarecimentos e fortalecimento de todas as relações.
- Ensine sobre perdão, respeito, paciência, compreensão e compaixão. São a base de um relacionamento saudável. E melhor ainda será se for ensinado através das próprias atitudes.
- Elogie os irmãos quando eles estão cooperando e brincando bem. Preste atenção no bom comportamento assim como presta no mau comportamento.
- Estabeleça um tempo individual regular com cada filho. Não trate seus filhos como um "pacote comum". Tenha atividades ou momentos com cada um deles, dependendo das afinidades, dos desejos e possibilidades.
- Ignore brigas simples, mas a violência física e os xingamentos que muitas vezes as acompanham devem ser policiados. É importante que os pais parem a agressão verbal antes que ela se torne física. O xingamento é violência e abre a porta para uma escalada mais grave.

- Ajude as crianças a administrarem conflitos por conta própria. "Estou ouvindo uma briga. Estou ouvindo uma discussão. Queria que vocês dois resolvessem isso juntos. Se precisar de ajuda, estou aqui ao lado, mas vamos ver o que você pode fazer por conta própria".
- Evite intervir em nome dos filhos mais novos. Isso gera mais ressentimento nos mais velhos e capacita os caçulas a desafiarem os maiores com mais frequência.
- Estimule a resolução autônoma de conflitos. Mesmo havendo amor, tolerância e respeito, é muito provável que haja conflitos na relação entre irmãos. Vale a pena que a família aposte no diálogo com e entre os filhos, para que sejam resolvidas as diferenças. O estímulo da autonomia na resolução de um conflito, por exemplo, leva a um amadurecimento entre os irmãos e em uma relação baseada na confiança e na solidariedade, já que um pode ajudar o outro a entender seu modo de ver e atuar no mundo.
- Leve as reclamações a sério. Reconheça os sentimentos e discuta-os abertamente.
- Possibilite formas de estreitar o vínculo entre irmãos criando situações nas quais os irmãos atuem em conjunto, como o desenvolvimento de tarefas cotidianas, participação em brincadeiras e compartilhamento de brinquedos, realização de passeios, execução de afazeres escolares e prática de atividades físicas.

- Ensine e dê exemplo de tolerância e respeito. É de suma importância que a família mostre ser possível haver discordância e ainda assim existir um ambiente harmônico

ENTRE IRMÃOS ADULTOS

Se os irmãos aprenderam a ter uma relação de cooperação e amizade na infância, o relacionamento fraternal será uma consequência disso. Podem desenvolver ajuda mútua, compartilhar histórias e lembranças; terão habilidade para enxergar a necessidade do outro e terão disponibilidade e compaixão nas dificuldades.

Quando isso não acontece, a relação fraternal adulta apresenta as sequelas das dificuldades e dores do processo de desenvolvimento. Mas, como adultos, podem investir e reconstruir aspectos dessa relação.

O ponto de partida é apaziguar as mágoas e os ressentimentos para poder, com olhar adulto, enxergar o que se pode fazer pela relação e o que se pode aprender e aprimorar nesse relacionamento. Olhando suas possibilidades de mudar essa relação, tomando cuidado com as expectativas exageradas, cultivando a esperança e a boa vontade. E colocando em prática os princípios de um bom relacionamento.

RELAÇÕES PROFISSIONAIS

Pessoas que compreendem que as relações podem ser alteradas a partir da tomada de consciência e das mudanças que se faz individualmente são indivíduos que viverão seus relacionamentos, inclusive os profissionais, como um espaço de aprendizagem e criatividade.

Alguns comportamentos não ajudam as relações profissionais, mas, pelo contrário, atrapalham os relacionamentos e tornam o espaço profissional um inferno diário. Alguns são os seguintes:

- Focar no ruim. Pessoas com essa compulsão não só desenvolvem habilidade para enxergar tudo o que não é bom, como transmitem esse mal-estar para os que estão próximos.
- Não se colocar no lugar do outro. Esse é um comportamento que desencadeia muitas dificuldades relacionais, pois ao acontecer algo com um colega, a atitude será de crítica, zombaria ou desqualificação. E não conseguirá criar sentimentos de compreensão, ajuda e compaixão.
- Vitimização. Ao se colocar-se no lugar de perseguida, não compreendida, alvo de coisas ruins, a pessoa desencadeia nos colegas sensações de culpa ou falta de paciência. Nenhum desses itens auxiliará o relacionamento.

Algumas habilidades podem ser desenvolvidas para construir relacionamentos profissionais funcionais, entre outras:

- Habilidades interpessoais;
- Habilidades de comunicação não verbal;
- Habilidades de comunicação verbal;
- Habilidades auditivas;
- Empatia;
- Habilidades de rede de contatos;
- Habilidades de criação de equipes.

Algumas atitudes podem ser tomadas para facilitar e fazer com que você aprenda a se dar melhor na sua relação interpessoal:

- Entenda que as pessoas são diferentes – todas têm aspectos melhores e piores – e que a diferença não atrapalha, pelo contrário, possibilita novas aprendizagens no funcionamento e nos relacionamentos.
- Seja tolerante ao lidar tanto com os colegas que lhe agradam, como com os que não lhe agradam, com os que fazem coisas que você aprova, mas que também não aprova. Surge a possibilidade de treinar e desenvolver a tolerância com seus colegas e seus atos. Tolerância é uma atitude que gera respeito e qualificação para quem consegue ser.
- Aprenda a ouvir e a entender. O treino de ouvir o outro sem interromper, sem desqualificar o que o outro está dizendo, é a base do bom relacionamento profissional. E se treinar a ouvir de verdade o outro, automaticamente estará apto a compreendê-lo e compreender suas razões.
- Não leve tudo para o lado pessoal. Nem sempre é sobre você! Aprender a ouvir e avaliar sem se colocar no centro das falas e reações dos outros capacita a pessoa a ter lucidez nas dificuldades, podendo fazer bom uso do que acontece para aprender ou mudar, independentemente se a fala ou a crítica era para ela mesma.

COMO MELHORAR AS RELAÇÕES NO TRABALHO E TORNÁ-LAS MAIS POSITIVAS

- Dê valor aos laços que já tem.
- A melhor forma de criar boas relações no trabalho é apreciar as que você possui atualmente.
- Qualifique as relações que fazem mais sentido.
- Avalie as que dão mais energia e inspiram positivamente.
- E avalie a importância de contar isso para as pessoas. Fazer com que elas saibam não apenas estreitará os laços no trabalho, como também dará a elas uma ideia do impacto que causam.
- Compartilhe seu tempo com os colegas.
- Uma ótima forma de estreitar relações é conhecer mais sobre as pessoas com quem trabalha. Pode ser num almoço, pode ser fazendo algumas perguntas, mas sempre ouvindo mais. Possibilite conhecer seu colega com o foco na vida dele, nos gostos e nas conquistas dessa pessoa que você está focando.
- Seja um mentor. Encontre alguém que você possa inspirar e tome conta dessa pessoa. Entenda quais são seus sonhos ou aspirações e busque ajudá-la de alguma forma. Você não precisa ser diretor ou gerente. Pode até ser com um colega que esteja no mesmo nível hierárquico que você.

- Busque se fazer presente. Ofereça suporte a uma pessoa ou auxilie alguém em uma tarefa. Pequenos gestos podem ter um grande impacto na forma com que os relacionamentos acontecem. Eles constroem confiança e deixam as pessoas mais à vontade.
- Celebre as conquistas dos outros. Ache uma forma de celebrar o trabalho de um colega. Não precisa ser nada de grande, basta apenas mencionar que ele fez um bom trabalho seja em um comentário durante uma reunião ou em um *e-mail* para a equipe. Destacar as contribuições de seus colegas para a organização faz com que eles se sintam reconhecidos e inspira as demais pessoas a criarem uma cultura de suporte.
- Termine o dia fazendo um balanço. No fim do dia de trabalho, compartilhe com alguém próximo o que lhe agradou naquele dia. O que o inspirou. O que o desafiou. A atitude de dar início a esse tipo de conversa faz com que seus colegas conheçam você melhor e também se reflete no crescimento pessoal deles.

TRANSFORMAÇÃO

Esses são alguns aspectos dos relacionamentos. Muitos outros aspectos também são importantes. Futuramente falarei sobre eles – a partir de você ler estes aqui, colocá-los em prática e me enviar suas dúvidas e outras considerações.

Muito grata

OUTROS LIVROS DA AUTORA

O TERAPEUTA DE FAMÍLIA E DE CASAL - competências teóricas, técnicas e pessoais

Solange Maria Rosset

ISBN: 9786586140576

TEMAS DE CASAL

Solange Maria Rosset

ISBN: 9788588009691

PAIS E FILHOS - uma relação delicada

Solange Maria Rosset

ISBN: 9788588009394

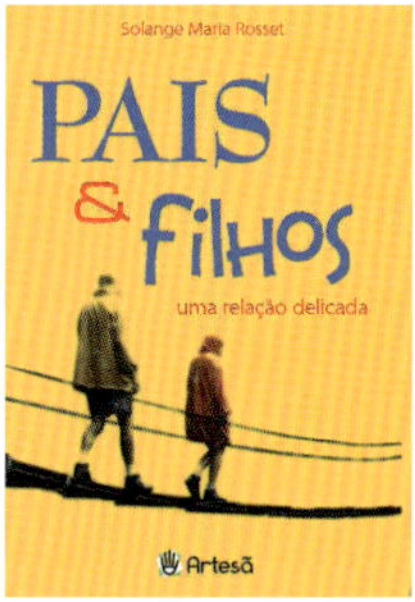

IZABEL AUGUSTA - A família como caminho

Solange Maria Rosset

ISBN: 9788588009400

BRIGAS NA FAMÍLIA E NO CASAL
- Aprendendo a brigar de forma elegante

Solange Maria Rosset

ISBN: 9788588009554

123 Técnicas de Psicoterapia
Relacional Sistêmica

Solange Maria Rosset

ISBN: 9788588009387

MAIS - Técnicas de Psicoterapia
Relacional Sistêmica

Solange Maria Rosset

ISBN: 9788588009448

O CASAL NOSSO DE CADA DIA

Solange Maria Rosset

ISBN: 9788588009370

TERAPIA RELACIONAL SISTÊMICA
- famílias, casais, indivíduos, Grupos

Solange Maria Rosset

ISBN: 9788588009301

CONTATO PARA CURSOS, WORKSHOP, PALESTRAS

Pelo telefone/WHATSAPP

(41) 99963.7216

(41) 99560.1004

Temas referentes a relacionamentos, família, casal.

Temas técnicos ligados a terapia sistêmica e familiar.

Construindo ideias
e conectando mentes